Impressum
Verlag: BABADADA GmbH, Nedderfeld 112 , 22529 Hamburg
Geschäftsführer / Verlagsleitung: Harald Hof
Druck: Books on Demand GmbH, In de Tarpen 42, 22848 Norderstedt

Imprint
Publisher: BABADADA GmbH, Nedderfeld 112 , 22529 Hamburg, Germany
Managing Director / Publishing direction: Harald Hof
Print: Books on Demand GmbH, In de Tarpen 42, 22848 Norderstedt, Germany

училище

escuela

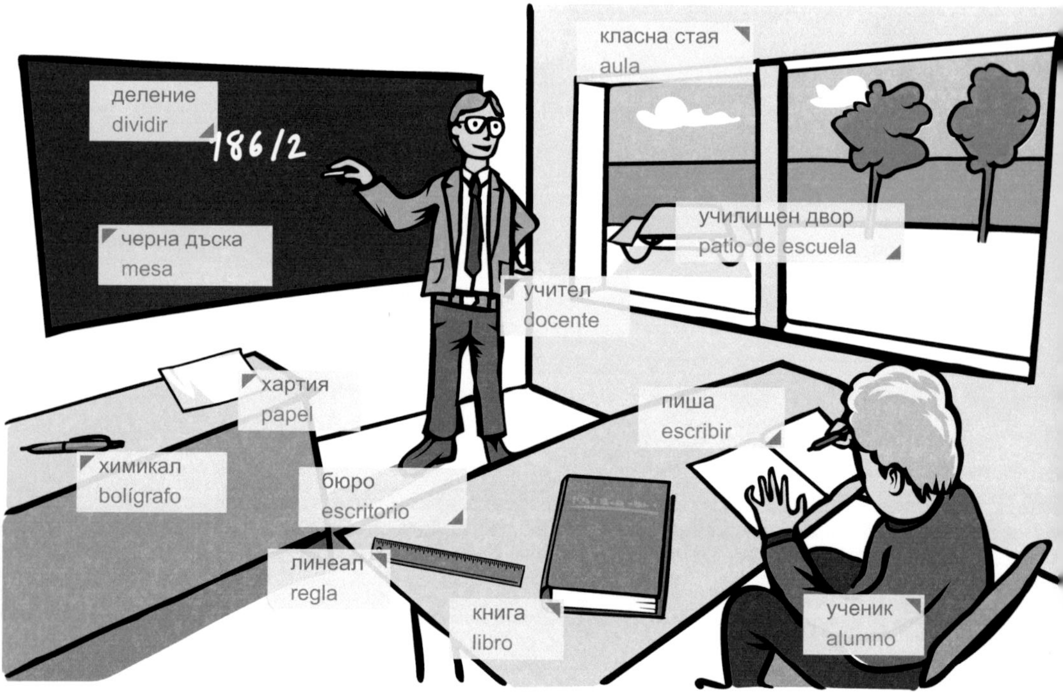

класна стая
aula
деление
dividir
186/2
черна дъска
mesa
училищен двор
patio de escuela
учител
docente
хартия
papel
пиша
escribir
химикал
bolígrafo
бюро
escritorio
линеал
regla
книга
libro
ученик
alumno

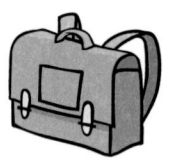

ученическа раница

mochila escolar

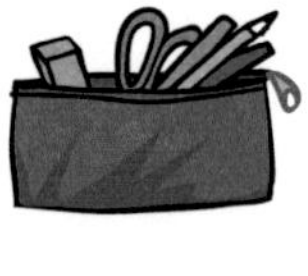

ученически несесер

caja de lápices

молив

lápiz

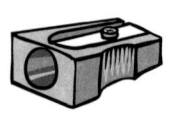

острилка за моливи

sacapuntas

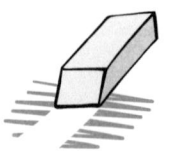

гума

goma de borrar

блок за рисуване

bloc de dibujo

рисунка

dibujo

четка

pincel

акварелни бои

caja de pinturas

ножица

tijera

лепило

pegamento

тетрадка за упражнения

libro de ejercicios

домашна работа

tarea

число

número

събиране

sumar

изваждане

restar

умножение

multiplicar

смятане

calcular

буква

letra

азбука

alfabeto

дума

palabra

училище - escuela

текст

texto

чета

leer

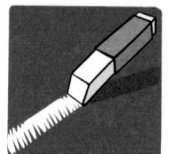

тебешир

tiza

час

lección

дневник на класа

libro de clase

изпит

examen

свидетелство

certificado

ученическа униформа

uniforme escolar

образование

educación

справочник

enciclopedia

университет

universidad

микроскоп

microscopio

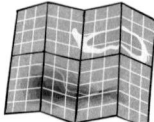

карта

mapa

кошче за хартиени отпадъци

cesto de papeles

пътуване
viaje

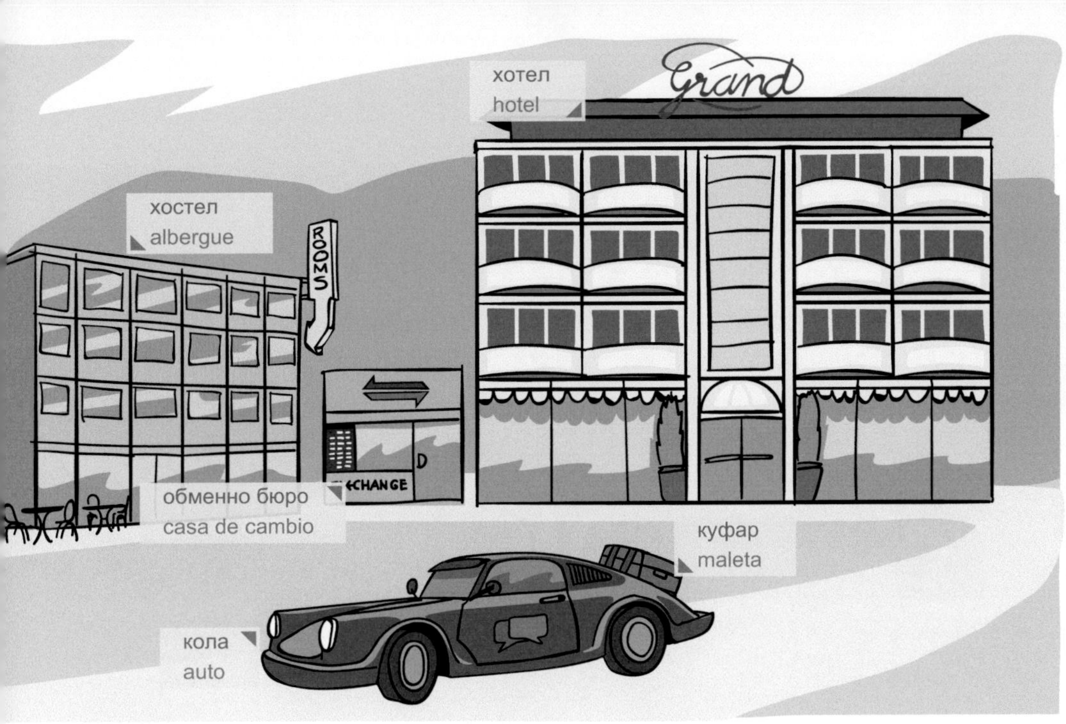

Grand
хотел
hotel
хостел
albergue
ROOMS
EXCHANGE
обменно бюро
casa de cambio
куфар
maleta
кола
auto

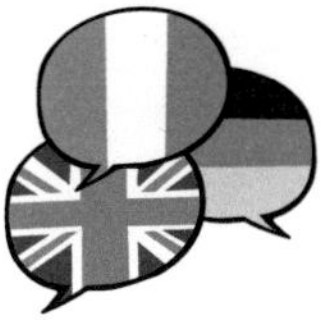

език

idioma

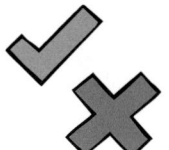

да / не

sí / no

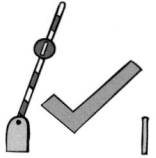

Окей

ok

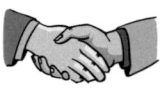

здравей

hola

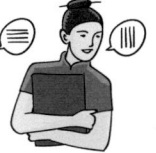

преводач

intérprete

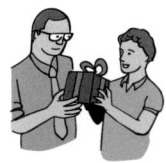

Благодаря

gracias

Колко струва…?

¿Cuánto cuesta…?

Не разбирам

No entiendo

проблем

problema

Добър вечер!

¡Buenas tardes!

Добро утро!

¡Buenos días!

Лека нощ!

¡Buenas noches!

довиждане

adiós

посока

dirección

багаж

equipaje

пътна чанта

bolso

раница

mochila

посетител

invitado

стая

cuarto

спален чувал

saco de dormir

палатка

tienda de campaña

уристическа информация

información al turista

плаж

playa

кредитна карта

tarjeta de crédito

закуска

desayuno

обед

almuerzo

вечеря

cena

билет

pasaje

асансьор

ascensor

пощенска марка

sello

граница

límite

митница

aduana

посолство

embajada

виза

visa

паспорт

pasaporte

транспорт
transporte

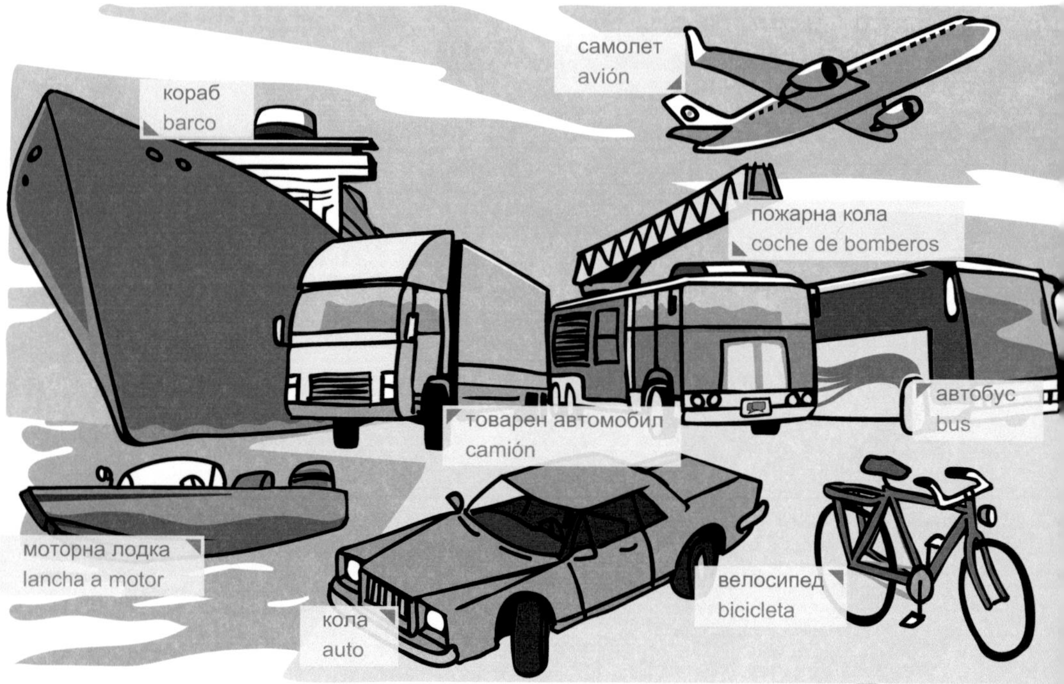
самолет
avión
кораб
barco
пожарна кола
coche de bomberos
автобус
bus
товарен автомобил
camión
моторна лодка
lancha a motor
велосипед
bicicleta
кола
auto

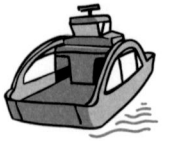

фериботbalsa

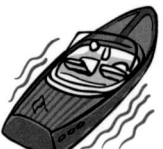

лодка

lancha

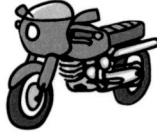

мотоциклет

motocicleta

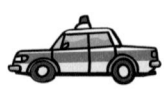

полицейска кола

auto de policía

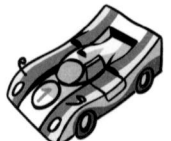

състезателна кола

auto de carreras

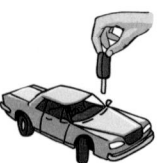

кола под наем

auto de alquiler

каршеринг

alquiler de autos

автомобил от "Пътна помощ"

grúa

сметовоз

vehículo recolector de basura

двигател

motor

бензин

gasolina

бензиностанция

gasolinera

пътен знак

señal de tráfico

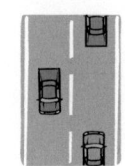

улично движение

tránsito

задръстване

atasco

паркинг

estacionamiento

гара

estación de tren

релси

carril

влак

tren

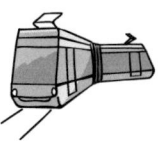

трамвай

tranvía

вагон

vagón

хеликоптер

helicóptero

аерогара

aeropuerto

кула

torre

пасажер

pasajero

контейнер

contenedor

кашон

caja de cartón

ръчна количка

carro

кошница

cesta

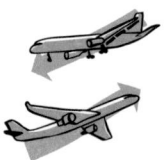

излитам / приземявам се

despegar / aterrizar

град
ciudad

село

aldea

градски център

centro de la ciudad

къща

casa

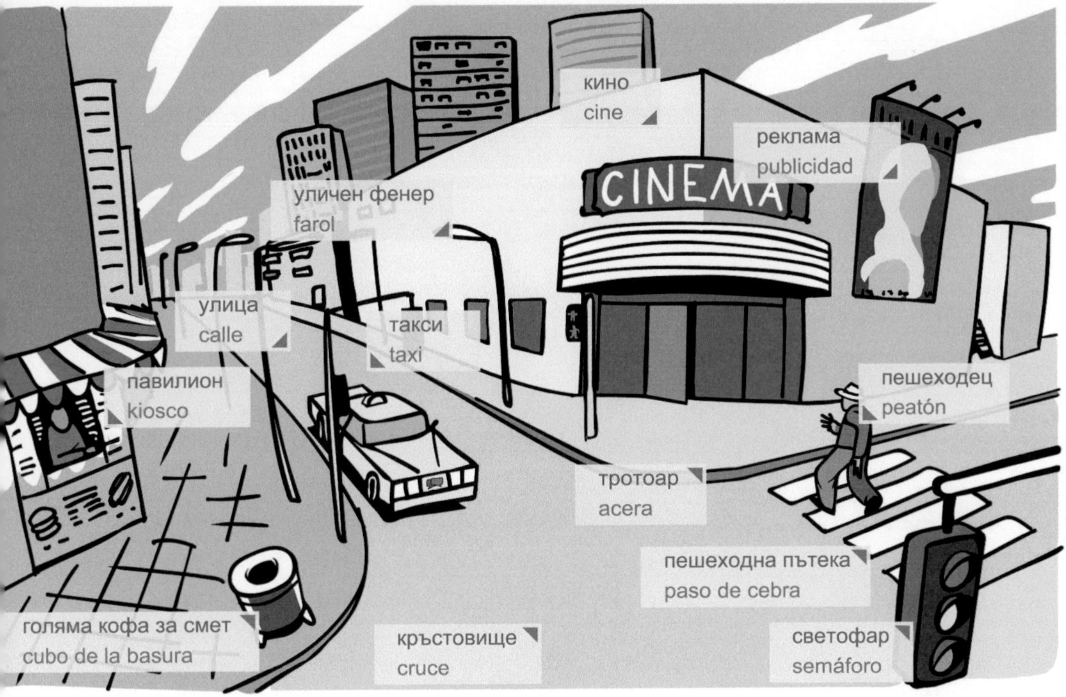

кино
cine

реклама
publicidad

уличен фенер
farol

улица
calle

такси
taxi

пешеходец
peatón

павилион
kiosco

тротоар
acera

пешеходна пътека
paso de cebra

голяма кофа за смет
cubo de la basura

кръстовище
cruce

светофар
semáforo

хижа

cabaña

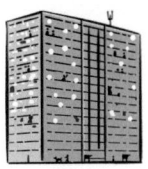

жилище

apartamento

гара

estación de tren

кметство

ayuntamiento

музей

museo

училище

escuela

университет

universidad

банка

banco

болница

hospital

хотел

hotel

аптека

farmacia

офис

oficina

книжарница

librería

магазин за цветя

negocio

магазин за цветя

florería

супермаркет

supermercado

пазар

mercado

универсален магазин

grandes almacenes

търговец на риба

pescadería

търговски център

centro comercial

пристанище

puerto

парк

parque

пейка

banco

мост

puente

стълба

escalera

метро

metro

тунел

túnel

автобусна спирка

parada de autobuses

бар

bar

ресторант

restaurante

пощенска кутия

buzón de correo

улична табелка

letrero

часовник за паркинг
престой

parquímetro

зоологическа градина

zoológico

плувен басейн

piscina

джамия

mezquita

селски двор

granja

замърсяване на околната среда

polución

гробище

cementerio

църква

iglesia

детска площадка

parque infantil

храм

templo

пейзаж

paisaje

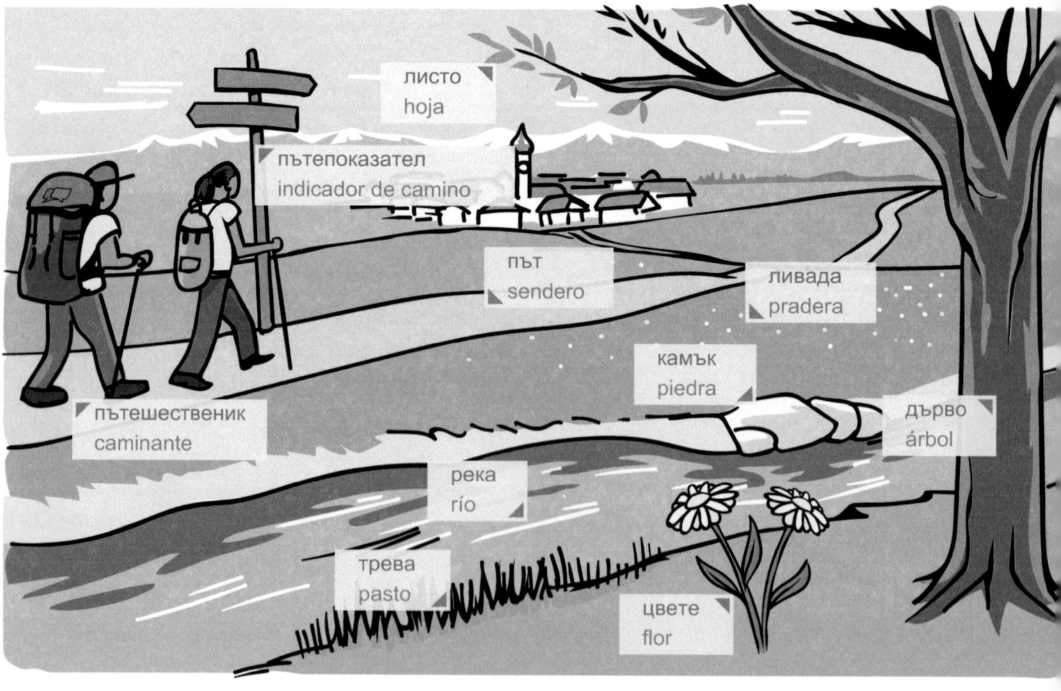

листо
hoja

пътепоказател
indicador de camino

път
sendero

ливада
pradera

камък
piedra

дърво
árbol

пътешественик
caminante

река
río

трева
pasto

цвете
flor

долина

valle

планина

montaña

море

lago

гора

bosque

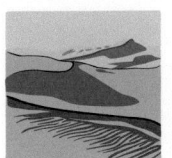

пустиня

desierto

вулкан

volcán

замък

castillo

дъга

arco iris

гъба

seta

палма

palmera

комар

mosquito

муха

mosca

мравка

hormiga

пчела

abeja

паяк

araña

бръмбар

escarabajo

жаба

rana

катеричка

ardilla

таралеж

erizo

заек

liebre

кукумявка

lechuza

птица

pájaro

лебед

cisne

диво прасе

jabalí

елен

ciervo

лос

alce

бент

embalse

вятърна турбина

aerogenerador

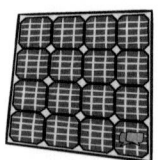

соларен модул

módulo solar

климат

clima

ресторант
restaurante

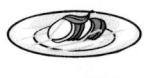

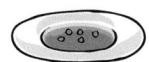

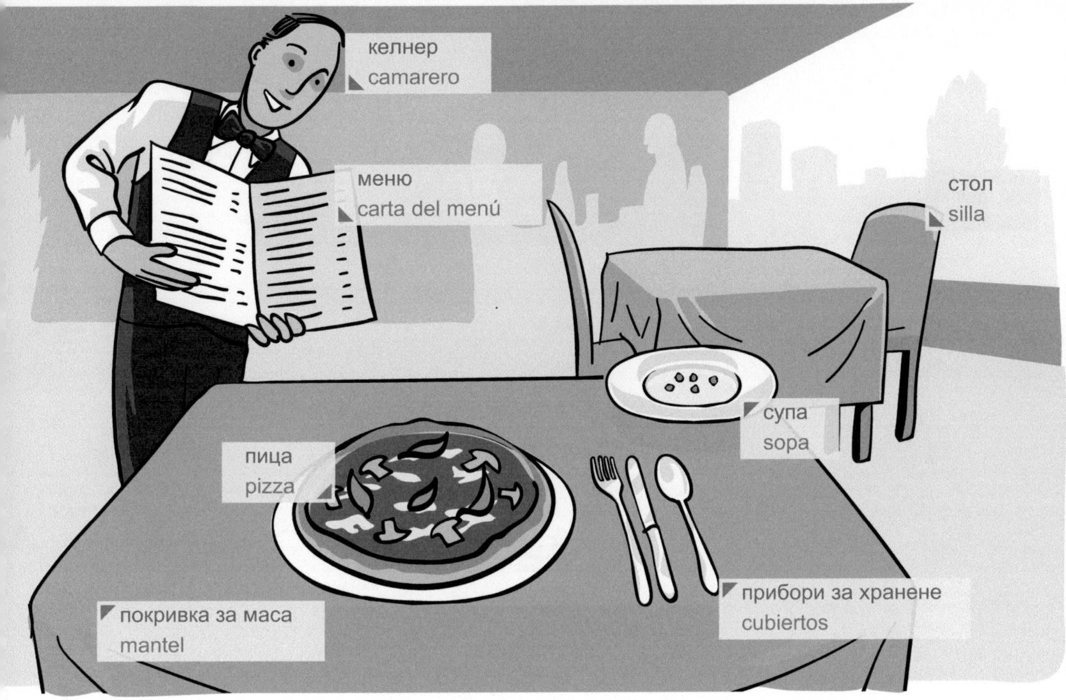

келнер
camarero
меню
carta del menú
стол
silla
супа
sopa
пица
pizza
покривка за маса
mantel
прибори за хранене
cubiertos

предястие

entrada

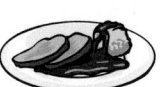

основно ястие

plato principal

десерт

postre

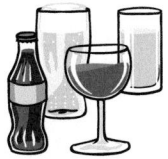

напитки

bebida

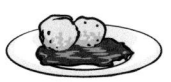

ядене

comida

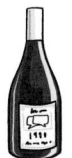

бутилка

botella

бързо хранене

comida rápida

улична храна

comida callejera

кана за чай

tetera

кутия за захар

azucarera

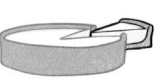

порция

porción

еспресо машина

máquina de espresso

висок детски стол

silla alta

сметка

factura

табла

bandeja

ножица за нокти

cuchillo

вилица

tenedor

лъжица

cuchara

чаена лъжичка

cuchara de té

салфетка

servilleta

стъклена чаша

vaso

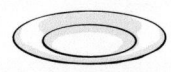

чиния

plato

чиния за супа

plato de sopa

чинийка

platillo

сос

salsa

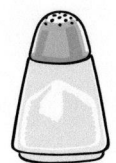

солница

salero

мелничка за черен пипер

molinillo para pimienta

оцет

vinagre

олио

aceite

подправки

especias

кетчуп

ketchup

горчица

mostaza

майонеза

mayonesa

оферта
oferta

клиент
cliente

млечни продукти
productos lácteos

плодове
fruta

количка за покупки
carrito de compras

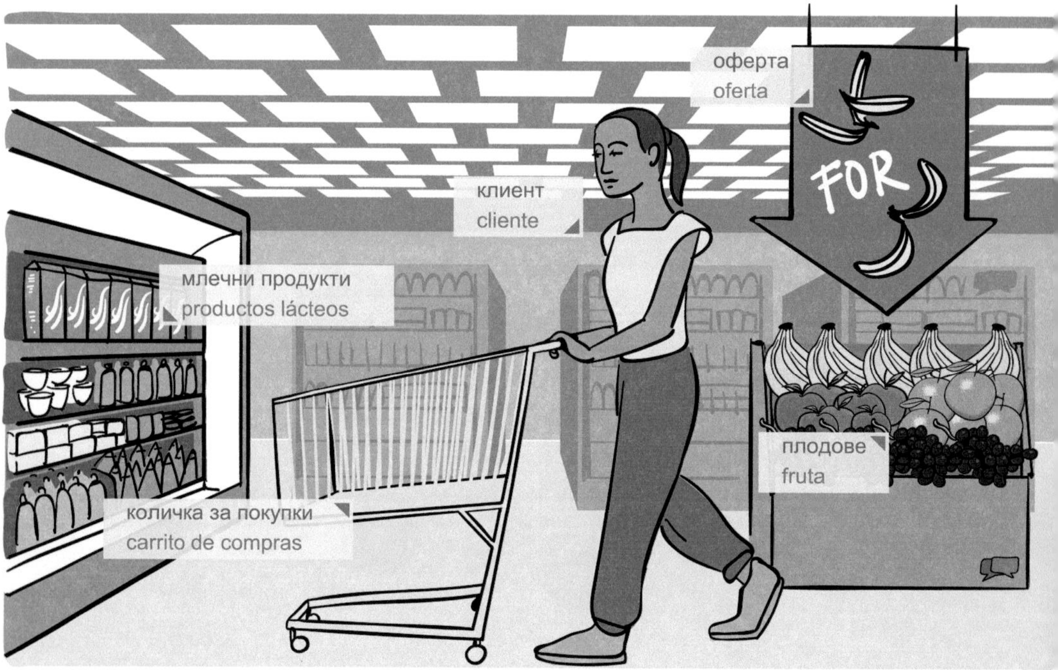

кланица

carnicería

хлебарница

panadería

тегля

pesar

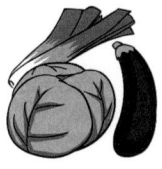

зеленчуци

verdura

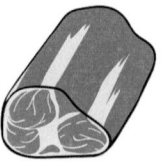

месо

carne

дълбоко замразена храна

alimentos congelados

нарязан колбас или сирене
fiambre

консерви
conservas

перилен препарат
detergente en polvo

лакомства
dulces

домакински изделия
artículos domésticos

почистващи препарати
productos de limpieza

продавачка
vendedora

каса
caja

касиер
cajero

списък на покупките
lista de compras

работно време
horario de atención

портфейл
cartera

кредитна карта
tarjeta de crédito

чанта
maleta

пластмасова торба
bolsa plástica

вода

agua

сок

jugo

мляко

leche

кола

refresco de cola

вино

vino

бира

cerveza

алкохол

alcohol

какао

cacao

чай

té

кафе машина

café

еспресо

espresso

капучино

cappuccino

банан

banana

ябълка

manzana

портокал

naranja

пъпеш

sandía

лимон

limón

морков

zanahoria

чесън

ajo

бамбук

bambú

лук

cebolla

гъба

seta

ядки

nueces

макарони

fideos

спагети

espagueti

ориз

arroz

салата

ensalada

пържени картофи

patatas fritas

печени картофи

patatas salteadas

пица

pizza

хамбургер

hamburguesa

сандвич

sándwich

шницел

escalope

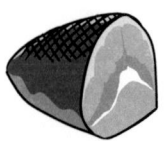

шунка

jamón

траен колбас

salame

салам

embutido

пиле

pollo

печено

asado

риба

pescado

овесени ядки

copos de avena

мюсли

musli

корнфлейкс

copos de maíz tostado

брашно

harina

кроасан

croissant

хлебчета

panecillo

хляб

pan

препечена филийка

tostada

бисквити

galletas

масло

mantequilla

извара

cuajada

сладкиш

pastel

яйце

huevo

яйца на очи

huevo frito

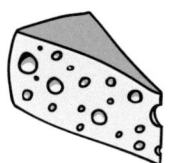

сирене

queso

сладолед

helado

захар

azúcar

мед

miel

мармалад

mermelada

нуга крем

praliné

къри

curry

селски двор

granja

селска къща
casa de labranza
плевня
pajar
бала сено
paca de paja
поле
campo
кон
caballo
ремарке
remolque
трактор
tractor
конче
potro
магаре
asno
овца
oveja
агне
cordero

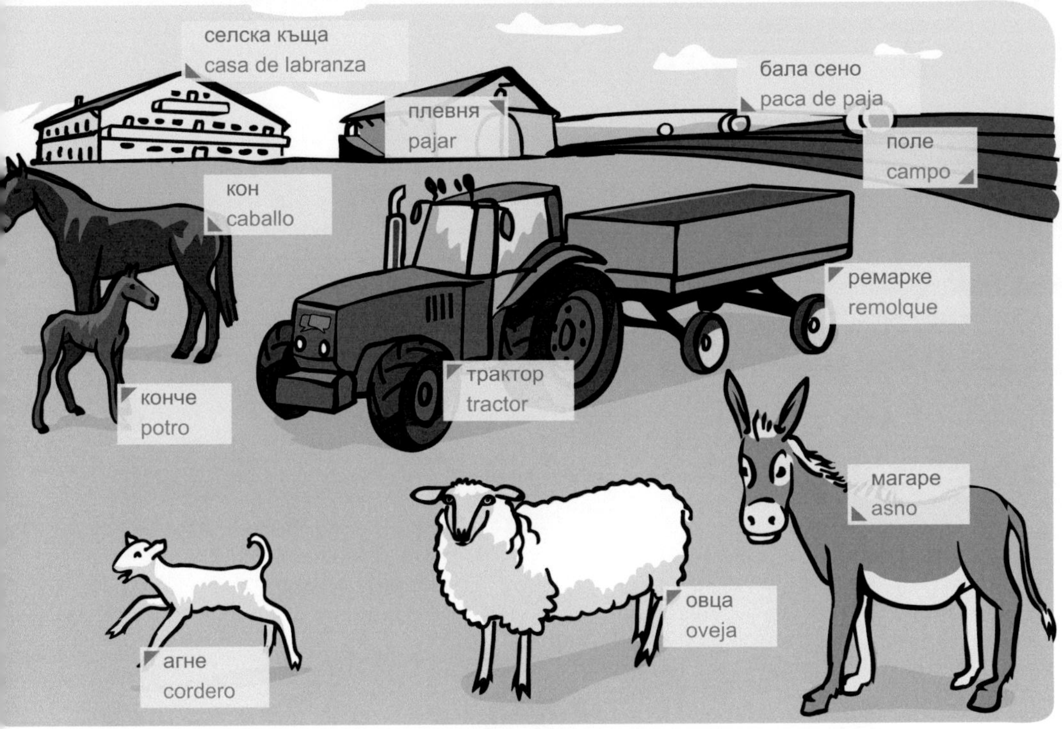

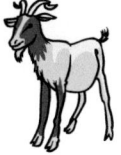

коза

cabra

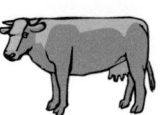

крава

vaca

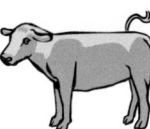

теле

ternero

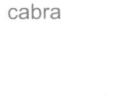

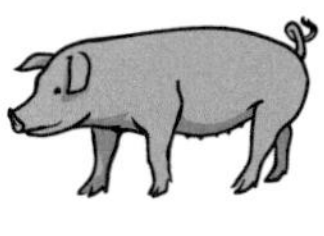

свиня

cerdo

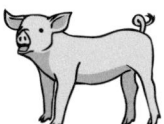

прасенце

lechón

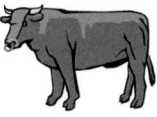

бик

toro

гъска

ganso

патица

pato

пиленце

polluelo

кокошка

pollo

петел

gallo

плъх

rata

котка

gato

мишка

ratón

вол

buey

куче

perro

кучешка колиба

caseta del perro

градински маркуч

manguera de riego

лейка

regadera

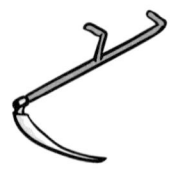

коса

guadaña

плуг

arado

сърп

hoz

мотика

azada

вила за тор

bieldo

брадва

hacha

ръчна количка

carretilla

корито

abrevadero

съд за мляко

lechera

чувал

saco

ограда

cerca

обор

establo

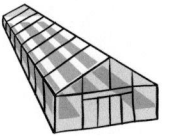

парник

invernadero

земя

suelo

сеитба

semilla

тор

fertilizante

комбайн

cosechadora

жъна

cosechar

реколта

cosecha

ямс

raíz de ñame

жито

trigo

соя

soja

картоф

patata

царевица

maíz

рапица

colza

овощно дърво

Árbol frutal

маниока

mandioca

зърнени храни

cereales

къща

casa

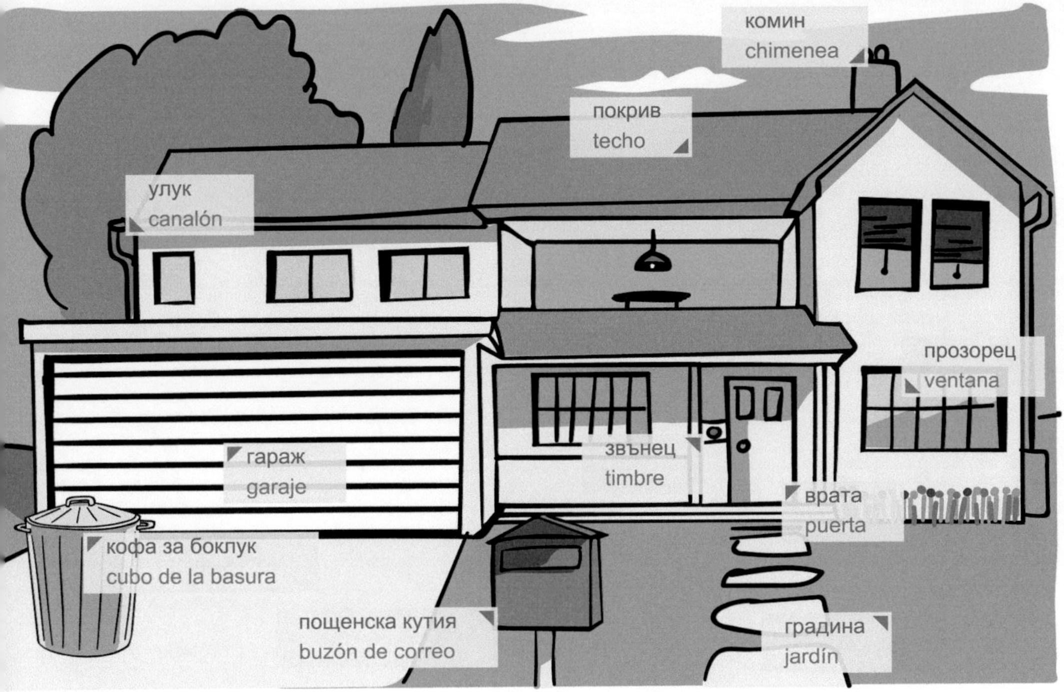
комин
chimenea
покрив
techo
улук
canalón
прозорец
ventana
звънец
timbre
гараж
garaje
врата
puerta
кофа за боклук
cubo de la basura
пощенска кутия
buzón de correo
градина
jardín

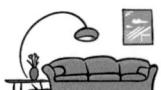

всекидневна

cuarto de estar

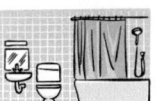

баня

cuarto de baño

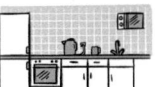

кухня

cocina

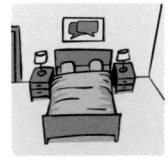

спалня

dormitorio

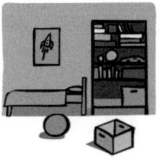

детска стая

cuarto de los niños

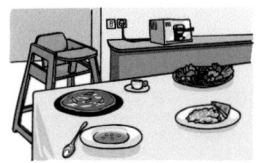

трапезария

comedor

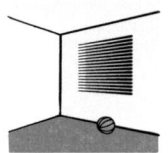

под

piso

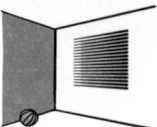

стена

pared

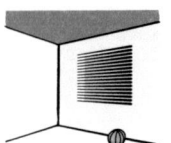

таван

cielorraso

изба

sótano

сауна

sauna

балкон

balcón

тераса

terraza

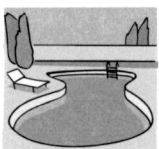

плувен басейн

piscina

косачка

cortacésped

спално бельо

funda nórdica

покривка за легло

edredón

легло

cama

метла

escoba

кофа

cubo

електрически ключ

interruptor

всекидневна

cuarto de estar

тапет
papel para empapelar
картина
imagen
лампа
lámpara
рафт
estante
шкаф
gabinete
телевизор
televisor
камина
hogar
цвете
flor
възглавница
cojín
канапе
sofá
ваза
florero
дистанционно управление
control remoto

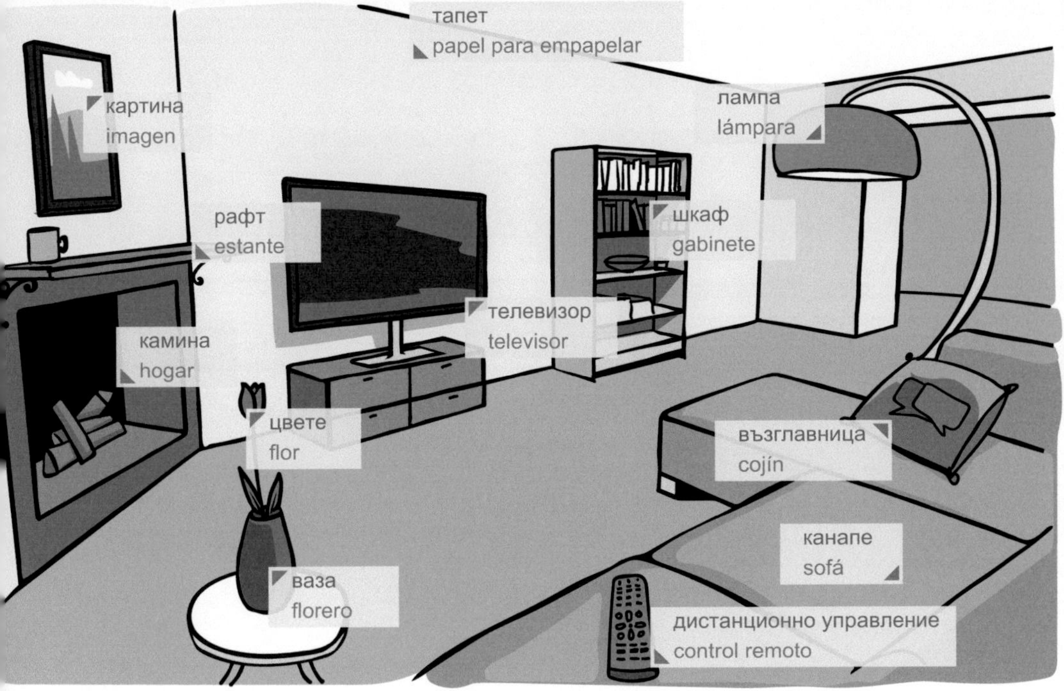

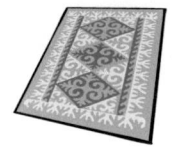

килим

alfombra

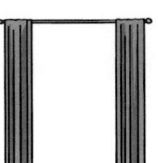

завеса

cortina

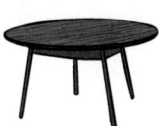

маса

mesa

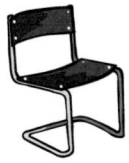

стол

silla

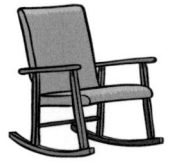

люлеещ се стол

mecedora

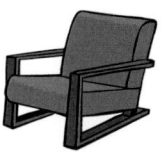

кресло

sillón

книга

libro

одеяло

frazada

декорация

decoración

дърва за отопление

leña

филм

film

стерео уредба

equipo estereofónico

ключ

llave

вестник

periódico

живопис

cuadro

постер

póster

радио

radio

бележник

bloc de notas

прахосмукачка

aspiradora

кактус

cactus

свещ

vela

кухня

cocina

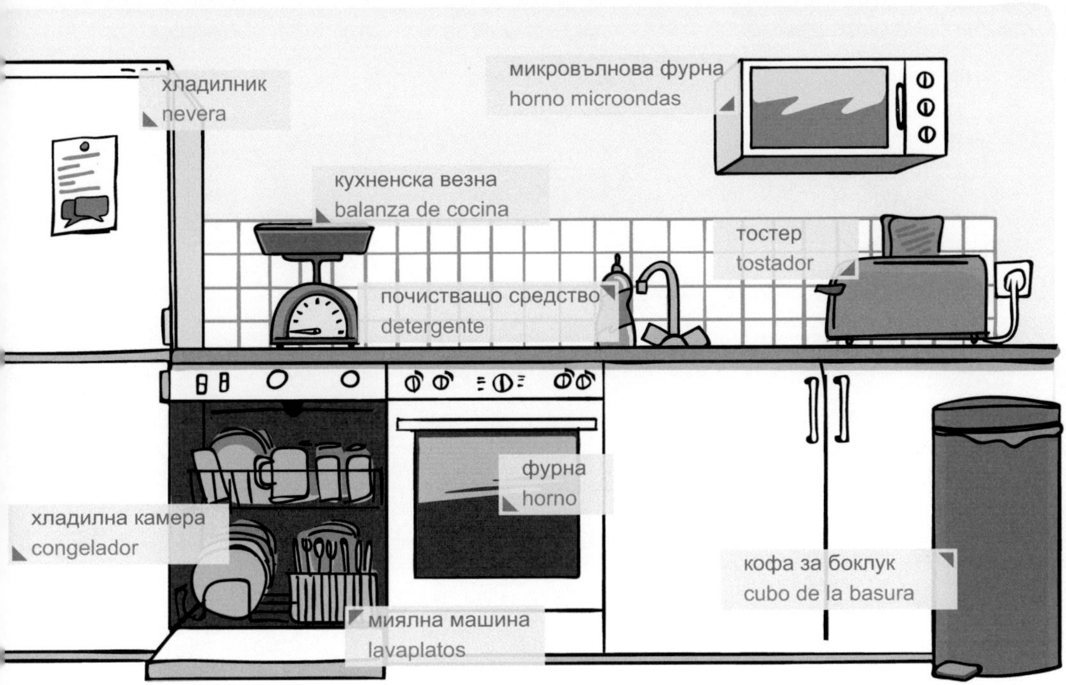
хладилник
nevera
микровълнова фурна
horno microondas
кухненска везна
balanza de cocina
тостер
tostador
почистващо средство
detergente
фурна
horno
хладилна камера
congelador
кофа за боклук
cubo de la basura
миялна машина
lavaplatos

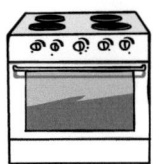

готварска печка

cocina

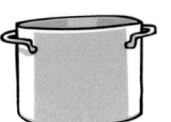

тенджера

olla

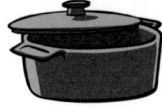

желязна тенджера

olla de fundición de hierro

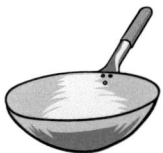

уок / кадаи

wok / kadai

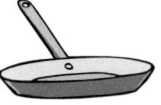

тиган

sartén

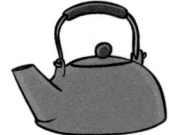

кана за затопляне на вода

hervidor de agua

уред за готвене на пара

olla de vapor

тава за печене

bandeja de horno

съдове

vajilla

чаша

vaso

купа

bol

клечки за хранене

palillos para comer

черпак

cucharón de sopa

лопатка за тиган

espátula

тел за разбиване (на яйца, белтъци)

batidor

кошница за варене

colador

гевгир

cedazo

ренде

rallador

хаван

mortero

барбекю

parrillada

огнище

fogata

дъска

tabla de picar

точилка

rodillo

тирбушон

sacacorchos

кутия

lata

отварачка за консерви

abrelatas

кухненска ръкохватка

agarrador

мивка

fregadero

четка

cepillo

гъба

esponja

миксер

batidora

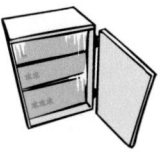

фризер

arcón congelador

бебешко шише

biberón

воден кран

grifo

баня

cuarto de baño

отопление
calefacción
душ
ducha
хавлиена кърпа
toalla
завеса за баня
cortina para ducha
шампоан за вана
baño de espuma
вана
bañera
стъклена чаша
vaso
перална машина
lavadora
воден кран
grifo
плочки
baldosa
гърне
orinal
мивка
fregadero

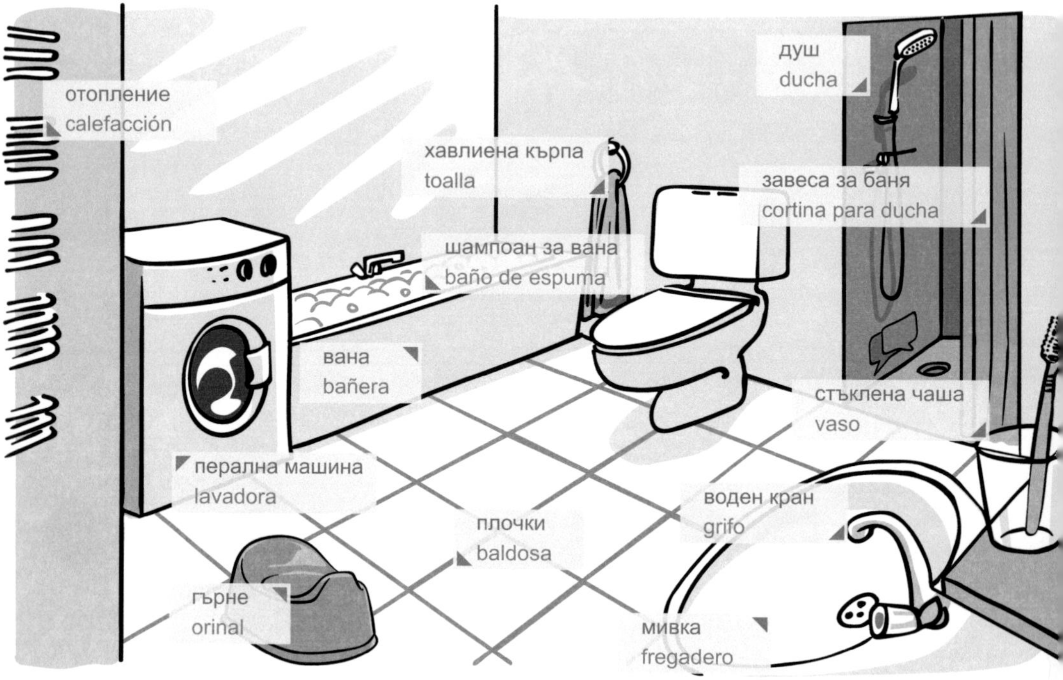

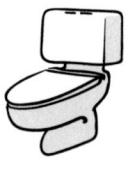

тоалетна

cuarto de baño

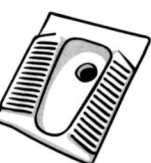

клекало

placa turca

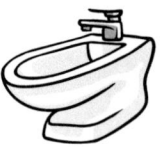

биде

bidé

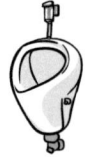

писоар

urinario

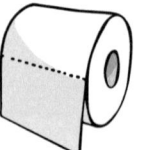

тоалетна хартия

papel higiénico

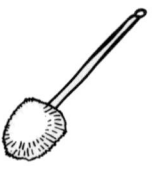

четка за тоалетна

escobilla para el cuarto de baño

четка за зъби

cepillo de dientes

паста за зъби

pasta dentífrica

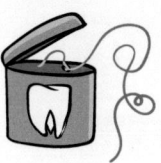

конец за зъби

seda dental

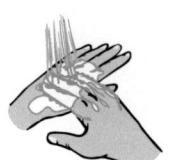

мия

lavar

ръчен душ

ducha teléfono

интимен душ

ducha higiénica

леген

cuenco

четка за гръб

cepillo para la espalda

сапун

jabón

душ гел

gel de ducha

шампоан за вана

champú

гъба за баня

manopla para baño

сифон

desagüe

крем

crema

дезодорант

desodorante

огледало

espejo

козметично огледало

espejo de maquillaje

ръчна самобръсначка

máquina de afeitar

пяна за бръснене

espuma de afeitar

одеколон за след
бръснене
loción para después del
afeitado

гребен

peine

четка

cepillo

сешоар

secador para cabello

спрей за коса

laca de peinado

грим

maquillaje

червило

lápiz labial

лак за нокти

laca para uñas

памук

algodón

ножица за нокти

tijera para uñas

парфюм

perfume

тоалетна чантичка

neceser

табуретка

taburete

везна

balanza

хавлия

bata de baño

домакински ръкавици

guantes de goma

тампон

tampón

дамски превръзки

compresa

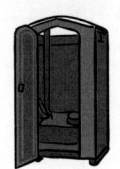

химическа тоалетна

wáter químico

детска стая

cuarto de los niños

будилник
despertador
плюшена играчка
animal de peluche
автомобил играчка
auto de juguete
дрънкалка
sonajero
къща за кукли
casa de muñecas
подарък
obsequio

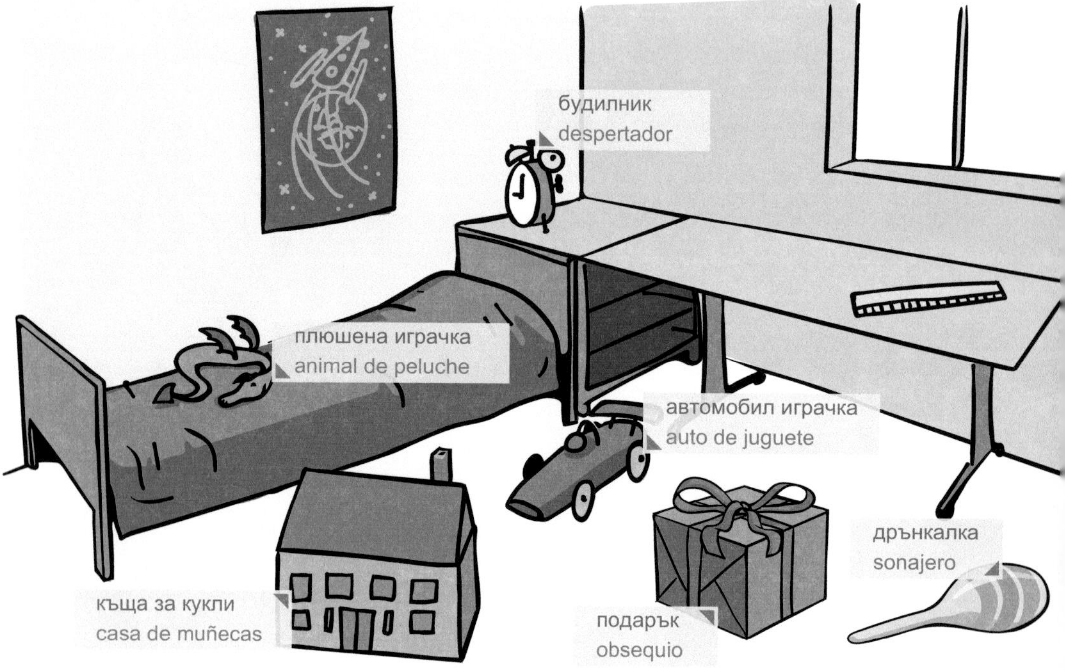

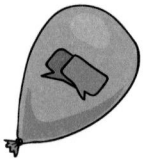

балон

globo

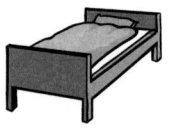

легло

cama

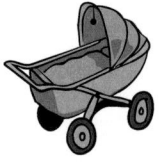

детска количка

cochecito para niños

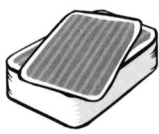

игра на карти

juego de barajas

пъзел

rompecabezas

SUPER MEGA

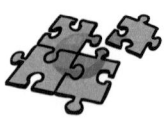

комикс

cómic

лего елементи

piezas de Lego

строителни елементи

bloques para jugar

екшън фигурка

figura de acción

бебешки гащеризон

pijama de una pieza

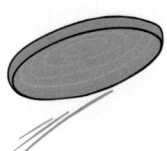

фрисби

frisbee

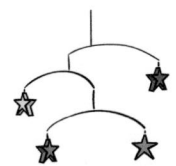

бебешки играчки за легло

móvil

настолна игра

juego de mesa

зарче

dado

миниатюрно влакче

tren eléctrico a escala

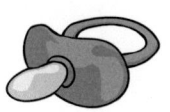

биберон

chupete

парти

fiesta

детска книга с илюстрации

libro de dibujos

топка

pelota

кукла

títere

играя

jugar

пясъчник

arenero

люлка

columpio

играчка

juguetes

игрова конзола

consola de videojuego

велосипед с три колелета

triciclo

плюшено мече

osito de peluche

гардероб

guardarropa

облекло

vestimenta

къси чорапи

calcetines

дълги чорапи

medias

чорапогащник

panti

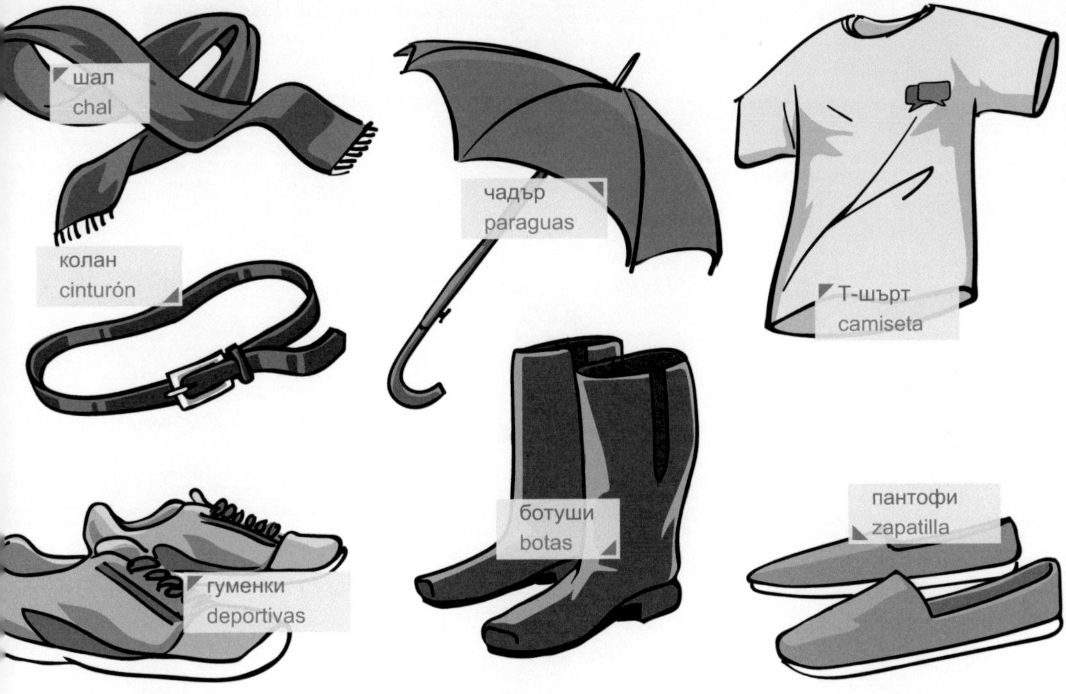

шал
chal

колан
cinturón

чадър
paraguas

Т-шърт
camiseta

ботуши
botas

пантофи
zapatilla

гуменки
deportivas

сандали

sandalias

обувки

zapatos

гумени ботуши

botas de goma

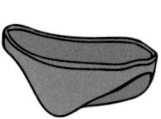

слип

ropa interior

сутиен

corpiño

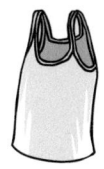

долна блуза

camiseta

облекло - vestimenta

45

боди

body

панталон

pantalón

дънки

jeans

пола

falda

блуза

blusa

риза

camisa

пуловер

pullover

суичър

sweater

блейзър

blazer

яке

chaqueta

палто

abrigo

дъждобран

impermeable

костюм

traje chaqueta

рокля

vestido

булчинска рокля

vestido de bodas

костюм

traje

нощница

camisón

пижама

pijama

сари

sari

кърпа за глава

pañuelo de cabeza

тюрбан

turbante

бурка

burka

кафтан

caftán

абая

abaya

бански костюм

traje de baño

плувни шорти

bañador

къс панталон

shorts

анцуг

chándal

престилка

delantal

ръкавици

guante

копче

botón

очила

gafa

гривна

brazalete

верижка

cadena

пръстен

anillo

обеца

aro

каскет

gorra

закачалка

percha

шапка

sombrero

вратовръзка

corbata

цип

cierre a cremallera

каска

casco

тиранти

tiradores

ученическа униформа

uniforme escolar

униформа

uniforme

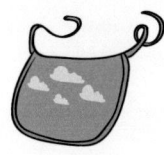

лигавник

babero

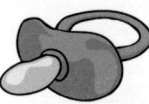

биберон

chupete

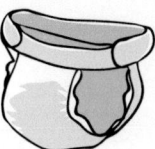

пелена

pañal

офис

oficina

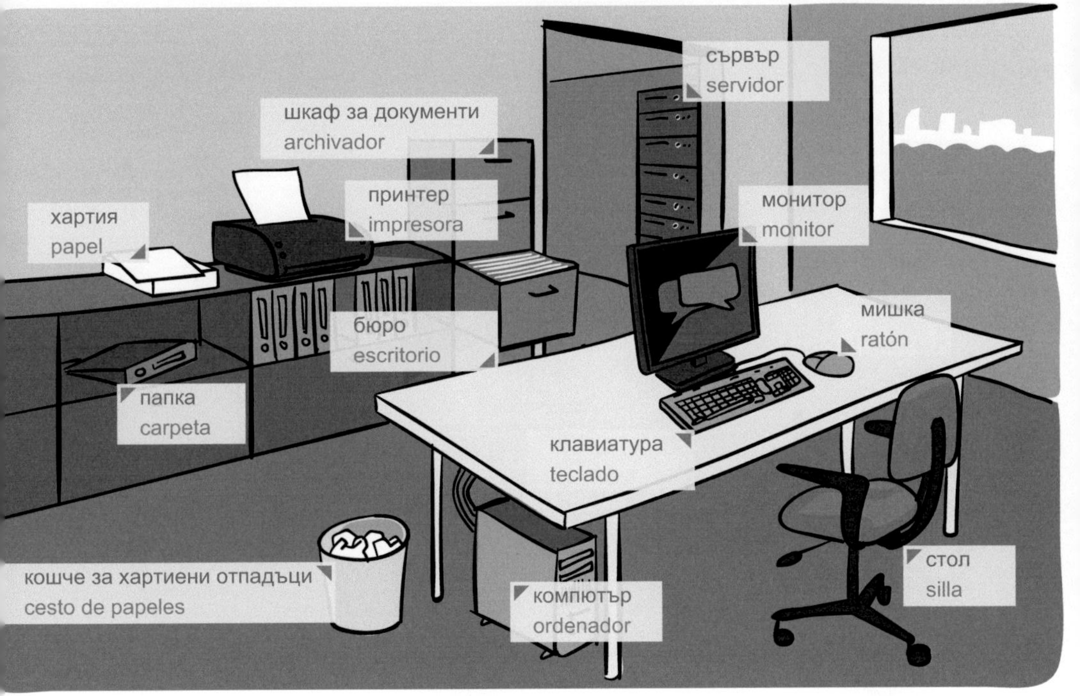
сървър
servidor
шкаф за документи
archivador
принтер
impresora
хартия
papel
монитор
monitor
мишка
ratón
бюро
escritorio
папка
carpeta
клавиатура
teclado
кошче за хартиени отпадъци
cesto de papeles
компютър
ordenador
стол
silla

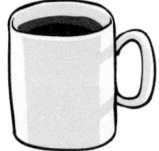

чаша за кафе

taza de café

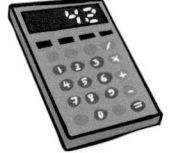

джобен калкулатор

calculadora

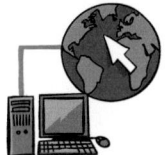

интернет

internet

лаптоп

laptop

писмо

carta

съобщение

mensaje

мобилен телефон

teléfono móvil

мрежа

red

ксерокс

fotocopiadora

софтуер

software

телефон

teléfono

контакт

tomacorriente

факс

máquina de fax

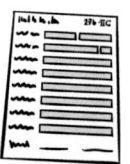

формуляр

formulario

документ

documento

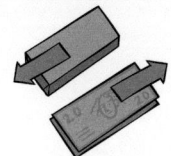

купувам

comprar

плащам

pagar

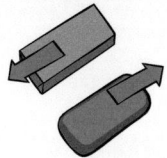

търгувам

comerciar

пари

dinero

долар

dólar

евро

euro

йена

yen

рубла

rublo

швейцарски франк

franco

ренминби юан

renminbi

рупия

rupia

банкомат

cajero automático

обменно бюро

casa de cambio

злато

oro

сребро

plata

нефт

petróleo

енергия

energía

цена

precio

договор

contrato

данък

impuesto

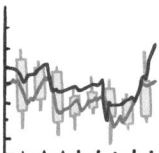

акция

acción

работя

trabajar

служител

empleado

работодател

empleador

фабрика

fábrica

магазин за цветя

negocio

пожарникар
bombero

полицай
policía

готвач
cocinero

лекар
médico

пилот
piloto

градинар

jardinero

мебелист

carpintero

шивачка

costurera

съдия

juez

химик

químico

артист

actor

шофьор на автобус

conductor de autobús

шофьор на такси

taxista

рибар

pescador

чистачка

mujer de la limpieza

майстор на покриви

techista

келнер

camarero

ловец

cazador

художник

pintor

хлебар

panadero

електротехник

electricista

строителен работник

albañil

инженер

ingeniero

касапин

carnicero

тенекеджия

fontanero

пощальон

cartero

войник

soldado

архитект

arquitecto

касиер

cajero

цветар

florista

фризьор

peluquero

кондуктор

cobrador

механик

mecánico

капитан

capitán

зъболекар

odontólogo

научен работник

científico

равин

rabino

имàм

imam

монах

monje

свещеник

párroco

инструменти
herramientas

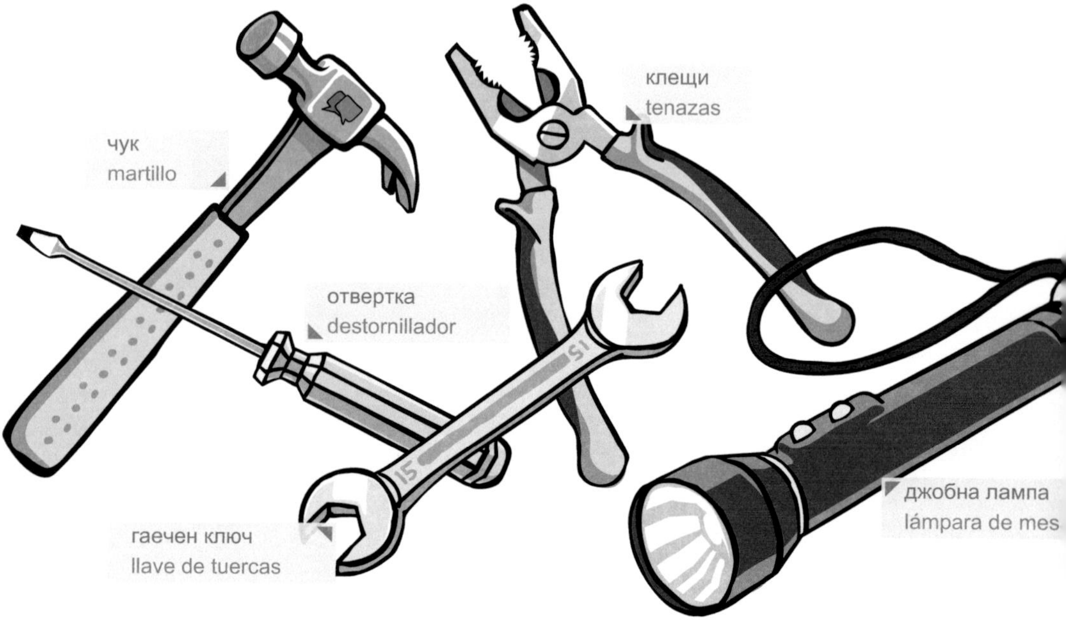
клещи
tenazas
чук
martillo
отвертка
destornillador
джобна лампа
lámpara de mes
гаечен ключ
llave de tuercas

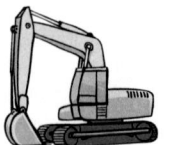

багер

excavadora

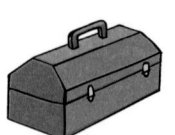

кутия за инструменти

caja de herramientas

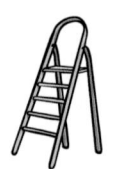

стълба

escalerilla

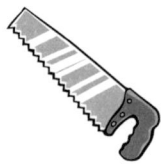

трион

serrucho

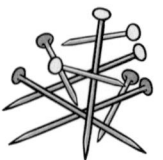

пирони

clavos

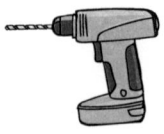

бормашина

taladro

ремонтирам

reparar

лопата

pala

По дяволите!

¡Maldición!

лопатка за смет

recogedor

кутия за боя

lata de pintura

болтове

tornillos

музикални инструменти

instrumentos musicales

високоговорител
altavoz

ударни инструменти
batería

контрабас
contrabajo

китара
guitarra

тромпет
trompeta

пиано

piano

виолина

violín

контрабас

bajo

тимпан

timbales

барабан

tambor

електрическо пиано

teclado

саксофон

saxofón

флейта

flauta

микрофон

micrófono

зоологическа градина

zoológico

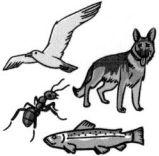

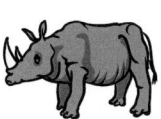

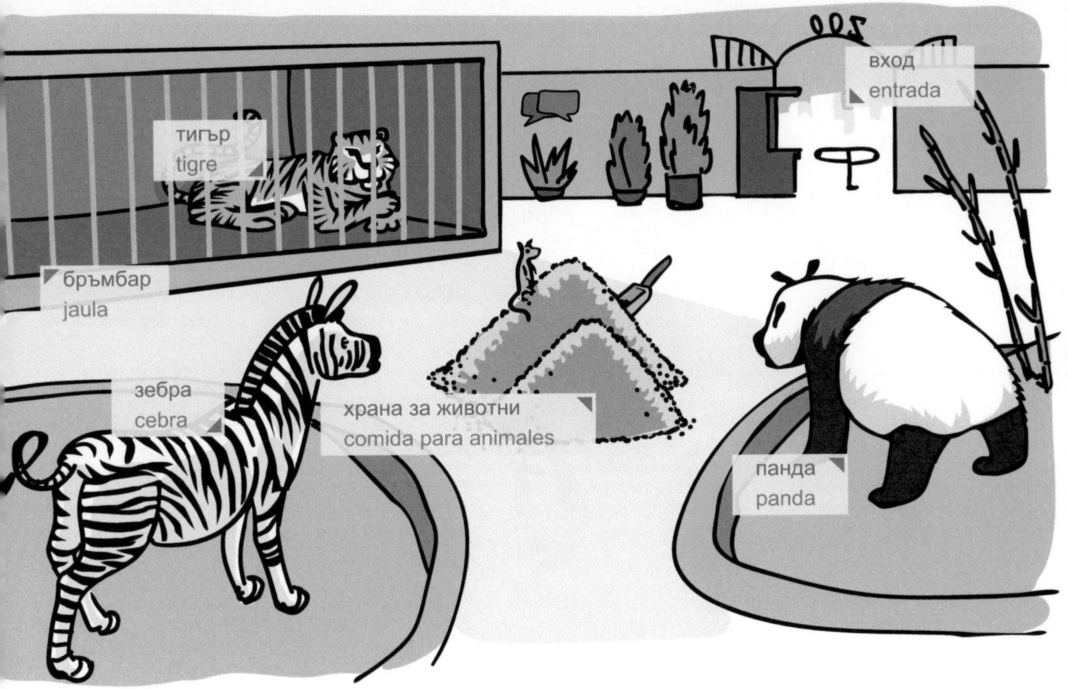

ZOO
вход
entrada
тигър
tigre
бръмбар
jaula
зебра
cebra
храна за животни
comida para animales
панда
panda

животни

animales

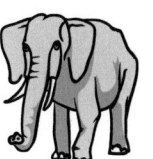

слон

elefante

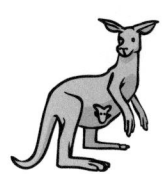

кенгуру

canguro

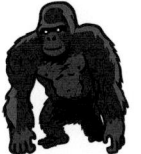

носорог

rinoceronte

горила

gorila

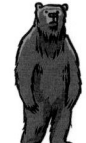

мечка

oso

камила

camello

щраус

avestruz

лъв

león

маймуна

mono

фламинго

flamengo

папагал

papagayo

бяла мечка

oso polar

пингвин

pingüino

акула

tiburón

паун

pavo real

змия

serpiente

крокодил

cocodrilo

пазач в зоологическа
градина

cuidador del zoológico

тюлен

foca

ягуар

jaguar

пони

pony

леопард

leopardo

хипопотам

hipopótamo

жираф

jirafa

орел

águila

диво прасе

jabalí

риба

pescado

костенурка

tortuga

морж

morsa

лисица

zorro

газела

gacela

американски футбол
fútbol americano

колоездене
ciclismo

тенис
tenis

баскетбол
baloncesto

плуване
natación

бокс
boxeo

хокей на лед
hockey sobre hielo

футбол
fútbol

бадминтон
badminton

лека атлетика
atletismo

хандбал
balonmano

ски бягане
esquí

поло
polo

дейности
actividades

смея се
reír
скачам
saltar
прегръщам
abrazar
вървя
caminar
пея
cantar
сънувам
soñar
моля се
rezar
целувам
besar

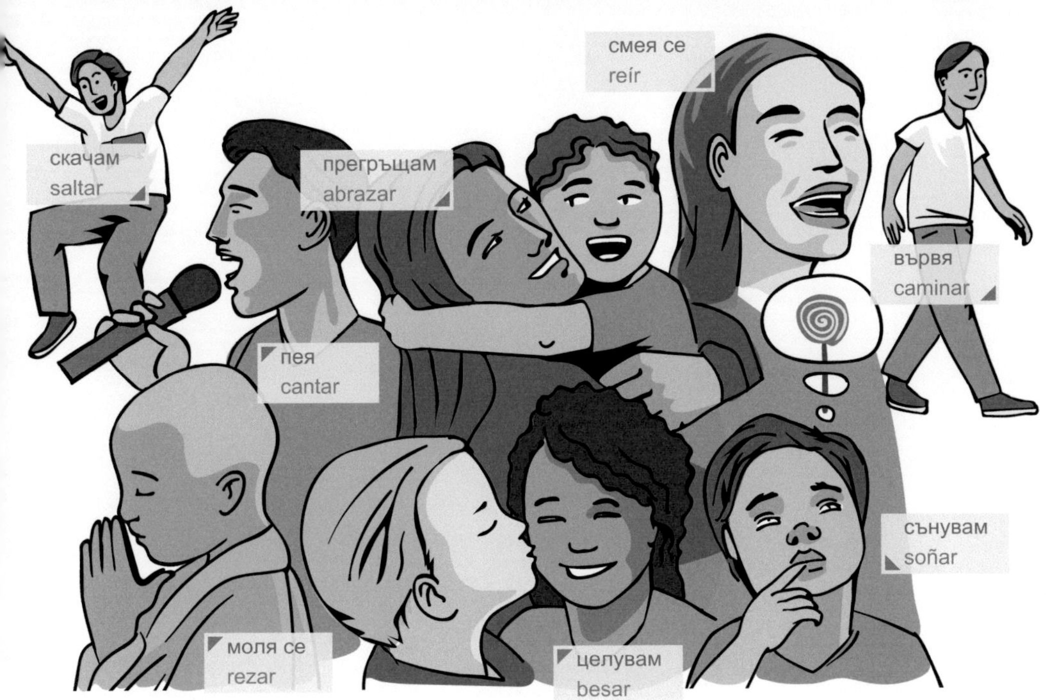

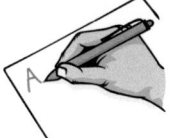

пиша

escribir

рисувам

dibujar

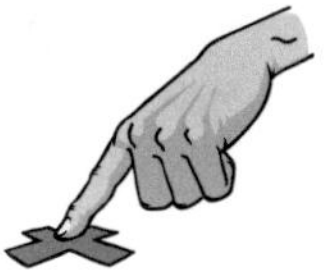

показвам

mostrar

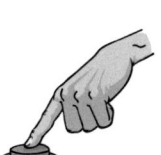

бутам

presionar

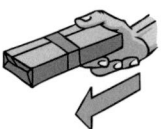

давам

dar

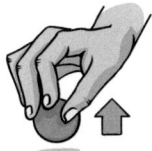

взимам

tomar

имам

tener

правя

hacer

съм

ser

стоя

estar de pie

тичам

correr

дърпам

tirar

хвърлям

arrojar

падам

caer

лежа

estar acostado

чакам

esperar

нося

llevar

седя

estar sentado

обличам

vestirse

спя

dormir

събуждам се

despertar

разглеждам

mirar

плача

llorar

милвам

acariciar

реша се

peinarse

говоря

conversar

разбирам

entender

питам

preguntar

слушам

oír

пия

beber

ям

comer

разтребвам

asear

обичам

amar

готвя

cocinar

карам автомобил

conducir

летя

volar

плавам (с платна)

navegar

смятане

calcular

чета

leer

уча

aprender

работя

trabajar

женя се

casarse

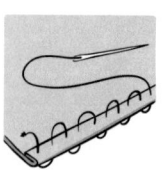

шия

coser

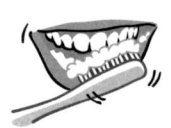

измивам си зъбите

limpiarse los dientes

убивам

matar

пуша

fumar

изпращам

enviar

семейство
familia

баба
abuela

дядо
abuelo

баща
padre

майка
madre

бебе
bebé

дъщеря
hija

син
hijo

посетител

invitado

леля

tía

чичо

tío

брат

hermano

сестра

hermana

тяло

cuerpo

чело
frente
око
ojo
рамо
hombro
пръст
dedo
лице
cara
брадичка
barbilla
ръка
mano
гърди
pecho
крак
pierna
ръка
brazo

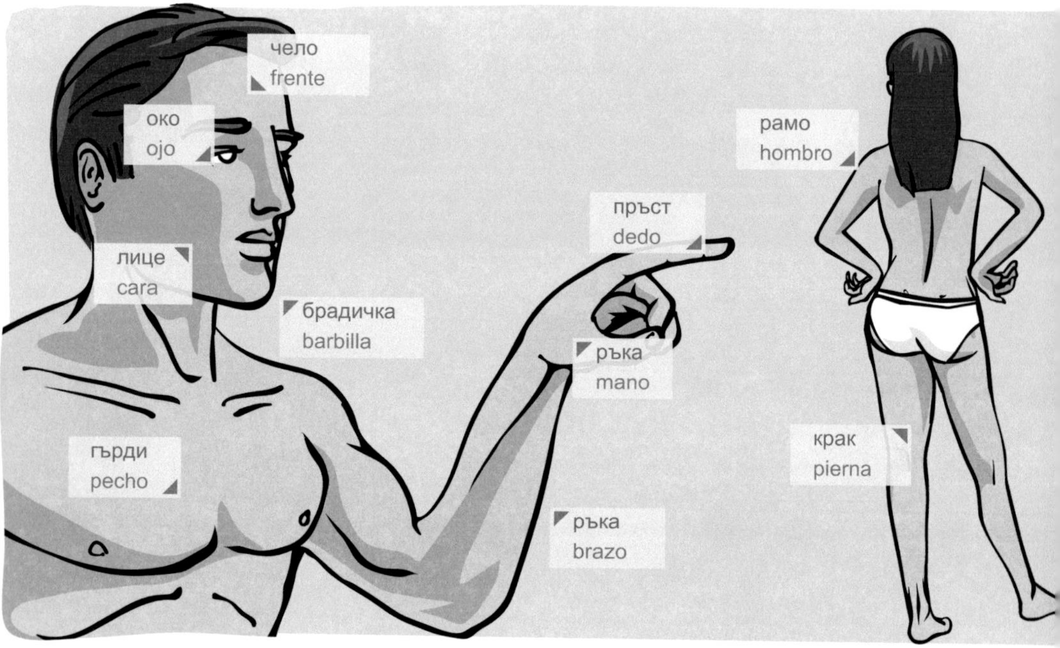

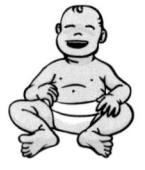

бебе

bebé

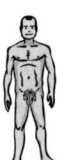

мъж

hombre

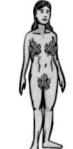

жена

mujer

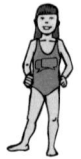

момиче

muchacha

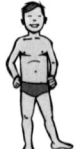

момче

joven

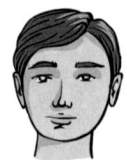

глава

cabeza

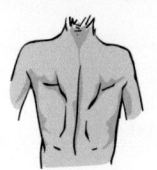

гръб

espalda

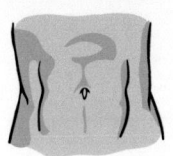

корем

vientre

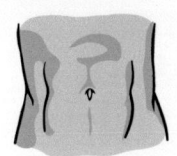

пъп

ombligo

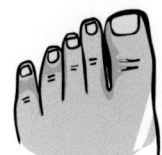

пръст на крака

dedo del pie

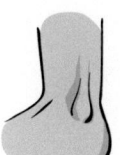

пета

talón

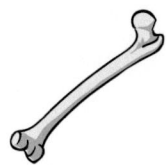

кост

hueso

хълбок

cadera

коляно

rodilla

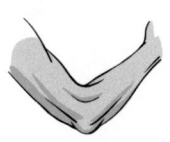

лакът

codo

нос

nariz

седалище

trasero

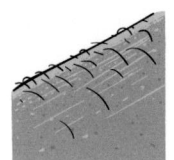

кожа

piel

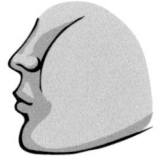

буза

mejilla

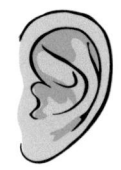

ухо

oreja

устна

labio

тяло - cuerpo

уста

boca

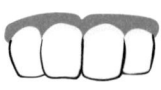

зъб

diente

език

lengua

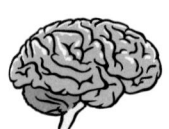

мозък

cerebro

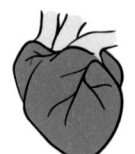

сърце

corazón

мускул

músculo

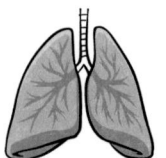

бял дроб

pulmón

черен дроб

hígado

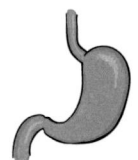

стомах

estómago

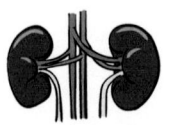

бъбреци

riñones

полово сношение

relación sexual

кондом

condón

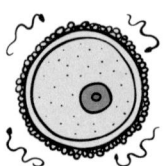

яйцеклетка

Óvulo

сперма

esperma

бременност

embarazo

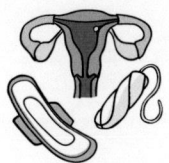

менструация

menstruación

вагина

vagina

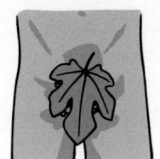

пенис

pene

вежда

ceja

коса

cabello

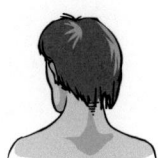

шия

cuello

болница
hospital

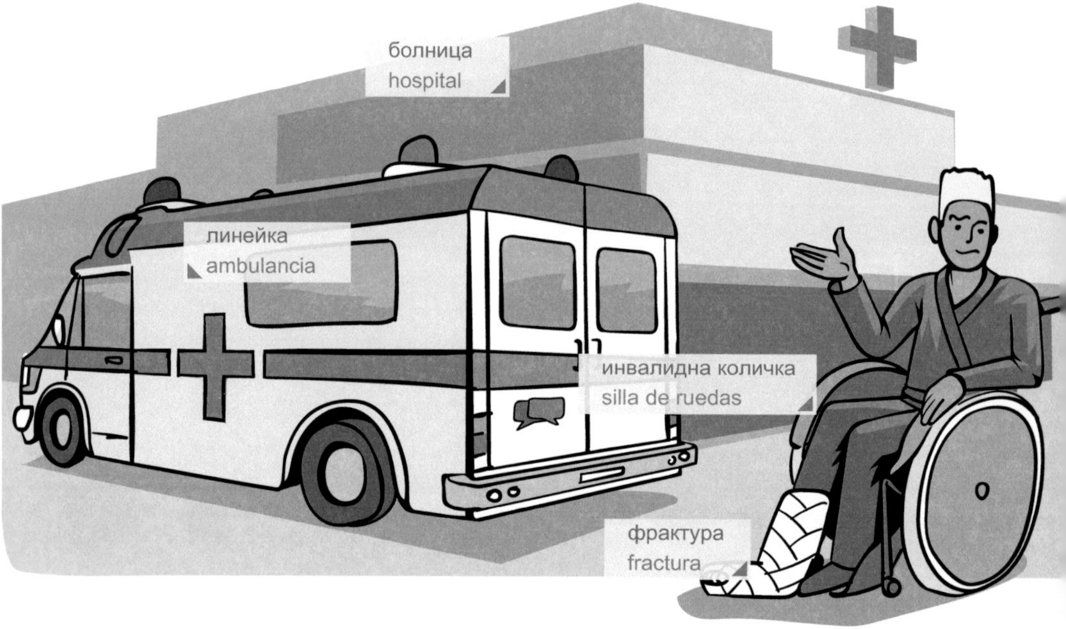

болница
hospital

линейка
ambulancia

инвалидна количка
silla de ruedas

фрактура
fractura

лекар

médico

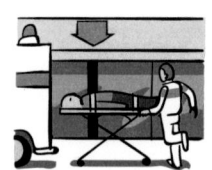

спешна хоспитализация

admisión de urgencia

медицинска сестра

enfermera

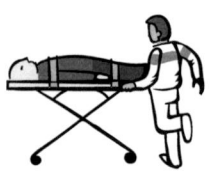

спешен случай

emergencia

в безсъзнание

inconsciente

болка

dolor

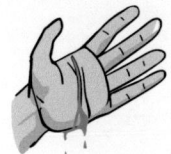

нараняване

lesión

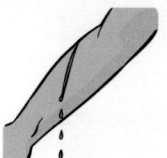

кървене

hemorragia

инфаркт

infarto de miocardio

инсулт

apoplejía cerebral

алергия

alergia

кашлица

tos

температура

fiebre

грип

gripe

диария

diarrea

главоболие

dolor de cabeza

рак

cáncer

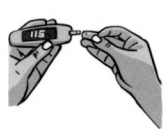

диабет

diabetes

хирург

cirujano

скалпел

escalpelo

операция

operación

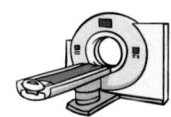

компютърна томография

TC

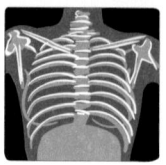

рентген

rayos X

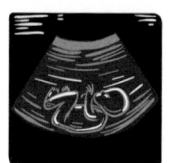

ултразвук

ultrasonido

маска

máscara

болест

enfermedad

чакалня

sala de espera

патерица

muleta

пластир

emplasto

превръзка

vendaje

инжекция

inyección

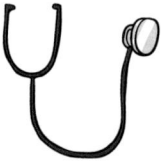

стетоскоп

estetoscopio

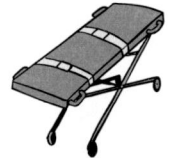

носилка

camilla

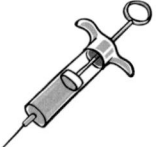

термометър

termómetro

раждане

nacimiento

наднормено тегло

sobrepeso

слухов апарат

audífono

дезинфекционно средство

desinfectante

инфекция

infección

вирус

virus

HIV / AIDS

VIH / SIDA

медицина

medicina

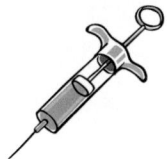

ваксинация

vacunación

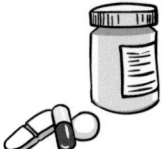

таблети

comprimido

противозачатъчна таблетка

píldora anticonceptiva

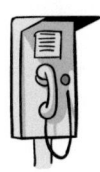

спешно телефонно обаждане

llamada de emergencia

апарат за измерване на кръвното налягане

medidor de presión arterial

болен / здрав

enfermo / saludable

Помощ!

¡Ayuda!

сигнал за тревога

alarma

нападение

asalto

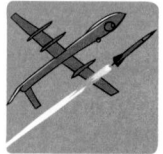

атака

ataque

опасност

peligro

авариен изход

salida de emergencia

Пожар!

¡Fuego!

пожарогасител

extintor

злополука

accidente

комплект за оказване на
първа помощ

kit de primeros auxilios

SOS

SOS

полиция

Policía

Европа

Europa

Северна Америка

América del Norte

Южна Америка

América del Sur

Африка

África

Азия

Asia

Австралия

Australia

Атлантически океан

Atlántico

Тихи океан

Pacífico

Индийски океан

Océano Índico

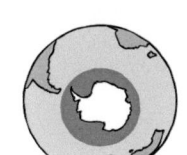

Южен ледовит океан

Océano Antártico

Северен ледовит океан

Océano Ártico

Северен полюс

Polo Norte

Южен полюс

Polo Sur

Антарктида

Antártida

Земя

Tierra

суша

país

море

mar

остров

isla

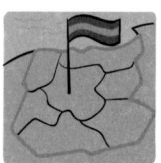

нация

nación

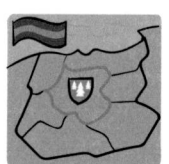

държава

Estado

циферблат

cuadrante

стрелка на часовете

horario

стрелка на минутите

minutero

стрелка на секундите

segundero

Колко е часът?

¿Qué hora es?

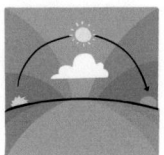

ден

día

време

tiempo

сега

ahora

дигитален часовник

reloj digital

минута

minuto

час

hora

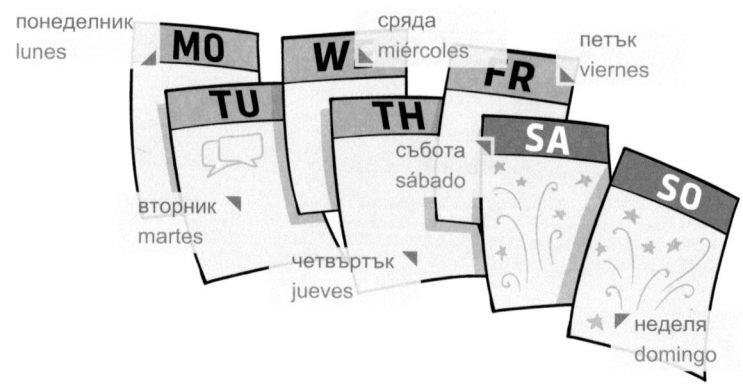

понеделник
lunes

сряда
miércoles

петък
viernes

вторник
martes

четвъртък
jueves

събота
sábado

неделя
domingo

вчера

ayer

днес

hoy

утре

mañana

сутрин

mañana

обед

mediodía

вечер

tarde

работни дни

jornada de trabajo

уикенд

fin de semana

дъжд
lluvia

дъга
arco iris

сняг
nieve

вятър
viento

пролет
primavera

есен
otoño

лято
verano

зима
invierno

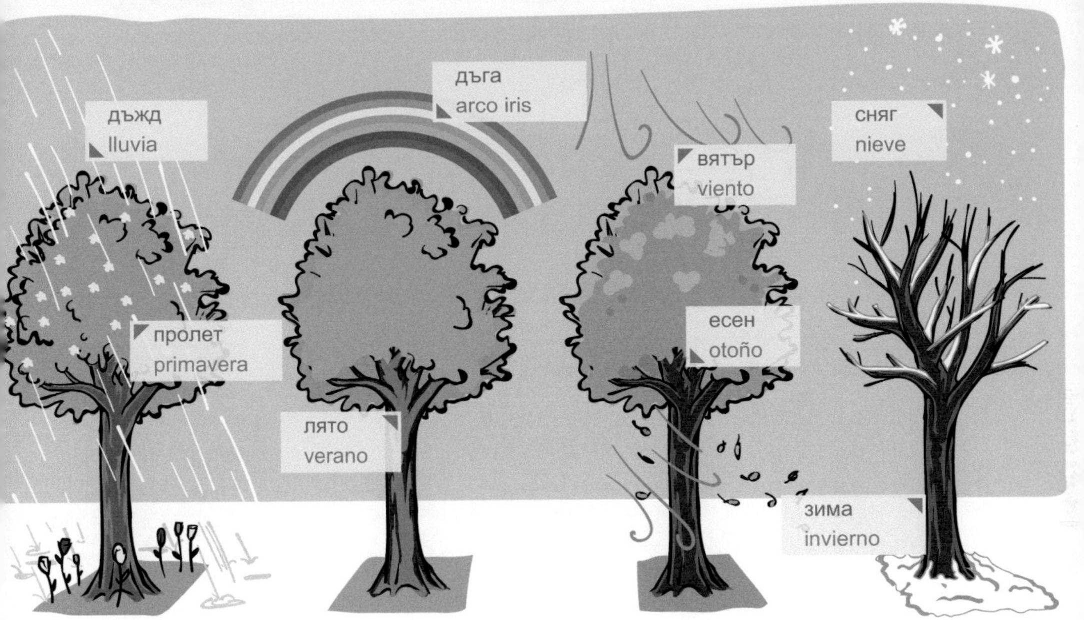

прогноза за времето

pronóstico meteorológico

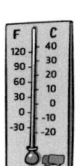

термометър

termómetro

слънчева светлина

luz solar

облак

nube

мъгла

niebla

влажност на въздуха

humedad ambiente

светкавица

relámpago

гръмотевица

trueno

буря

tormenta

градушка

granizo

мусон

monzón

наводнение

inundación

лед

hielo

януари

enero

февруари

febrero

март

marzo

април

abril

май

mayo

юни

junio

юли

julio

август

agosto

септември
....
septiembre

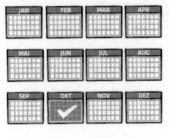

октомври
....
octubre

ноември
....
noviembre

декември
....
diciembre

кръг
....
círculo

квадрат
....
cuadrado

четириъгълник
....
rectángulo

триъгълник
....
triángulo

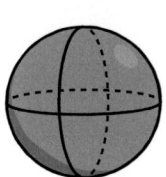

сфера
....
esfera

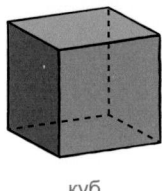

куб
....
cubo

цветове

colores

бял
....
blanco

жълт
....
amarillo

оранжев
....
anaranjado

розов
....
rosa

червен
....
rojo

лилав
....
lila

син
....
azul

зелен
....
verde

кафяв
....
marrón

сив
....
gris

черен
....
negro

много / малко

mucho / poco

ядосан / спокоен

enojado / calmado

красив / грозен

bonito / feo

начало / край

comienzo / fin

голям / малък

grande / pequeño

светъл / тъмен

claro / oscuro

брат / сестра

hermano / hermana

чист / мръсен

limpio / sucio

пълен / непълен

completo / incompleto

ден / нощ

día / noche

мъртъв / жив

muerto / vivo

широк / тесен

ancho / angosto

ядлив / неядлив

disfrutable / no disfrutable

сърдит / любезен

malo / amigable

развълнуван / скучаещ

excitado / aburrido

дебел / тънък

gordo / delgado

най-напред / най-накрая

primero / último

приятел / враг

amigo / enemigo

пълен / празен

lleno / vacío

твърд / мек

duro / suave

тежък / лек

pesado / liviano

глад / жажда

hambre / sed

болен / здрав

enfermo / saludable

нелегален / легален

ilegal / legal

интелигентен / глупав

inteligente / tonto

ляво / дясно

izquierda / derecha

близо / далече

cercano / lejano

нов / употребяван

nuevo / usado

нищо / нещо

nada / algo

стар / млад

viejo / joven

вкл. / изкл.

encendido / apagado

отворен / затворен

abierto / cerrado

тих / силен (звук)

bajo / fuerte

богат / беден

rico / pobre

правилен / погрешен

correcto / incorrecto

грапав / гладък

áspero / liso

тъжен / щастлив

triste / alegre

дълъг / къс

breve / extenso

бавен / бърз

lento / veloz

мокър / сух

mojado / seco

топъл / студен

caliente / frío

война / мир

guerra / paz

0	**1**	**2**
нула	едно	две
cero	uno	dos
3	**4**	**5**
три	четири	пет
tres	cuatro	cinco
6	**7**	**8**
шест	седем	осем
seis	siete	ocho
9	**10**	**11**
девет	десет	единадесет
nueve	diez	once

12

дванадесет

doce

13

тринадесет

trece

14

четиринадесет

catorce

15

петнадесет

quince

16

шестнадесет

dieciséis

17

седемнадесет

diecisiete

18

осемнадесет

dieciocho

19

деветнадесет

diecinueve

20

двадесет

veinte

100

сто

cien

1.000

хиляда

mil

1.000.000

милион

millón

английски

inglés

американски английски

inglés estadounidense

китайски мандарин

chino mandarín

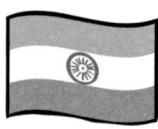

хинди

hindi

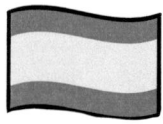

испански

español

френски

francés

арабски

árabe

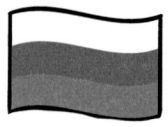

руски

ruso

португалски

portugués

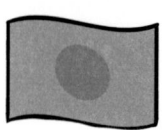

бенгалски

bengalí

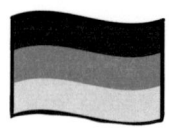

немски

alemán

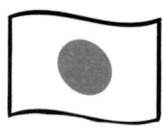

японски

japonés

аз
yo

ти
tú

той / тя / то
él / ella

ние
nosotros

вие
vosotros

те
ellos

кой?
¿quién?

какво?
¿qué?

как?
¿cómo?

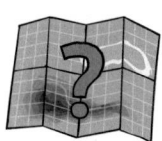

къде?
¿dónde?

кога?
¿cuándo?

HELLO, I AM

име
nombre

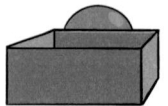

зад

detrás

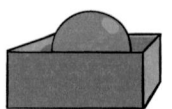

в

en

пред

delante de

над

encima de

върху

sobre

под

debajo de

до

junto a

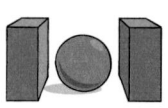

между

entre

място

lugar